D O G @

HOME

Kirsty Seymour-Ure

DOG @

HOME

nicolai

Titel der englischen Originalausgabe:
Dog @ Home

© 2001 der englischen Originalausgabe:
Ryland Peters & Small
Kirkman House
12–14 Whitfield Street
London W1T 2RP

© 2001 Text: Kirsty Seymour-Ure
© 2001 Design und Fotografie:
Ryland Peters & Small

© 2001 der deutschsprachigen Ausgabe:
Nicolaische Verlagsbuchhandlung GmbH, Berlin

Aus dem Englischen von Corina von Trotha

Satz: LVD GmbH, Berlin
Druck und Bindung: Toppan Printing Co., China

Alle deutschsprachigen Rechte vorbehalten

ISBN 3-87584-845-4

Inhalt

Treue Freunde

Hunde sind zurecht berühmt für ihre unerschütterliche Treue und Loyalität. Sie alle haben Freude am Kontakt zu Menschen. Und sie sind die großzügigsten aller Freunde.

Die Welt ist voller Hunde. Hunde von so unterschiedlicher Größe und Gestalt, dass ein munterer Jack-Russell-Terrier und eine riesige Dänische Dogge kaum zur selben Art zu gehören scheinen. Es gibt heute mehr als vierhundert verschiedene Rassen auf der Welt. Viele Hunde werden als Arbeitstiere gehalten, die meisten von ihnen sind jedoch Haushunde. Trotz ihrer wirklich unglaublichen Vielfalt haben sie alle ein und den selben Vorfahren: den Wolf.

Die gemeinsame Geschichte von Mensch und Hund ist sehr lang. Sie begann wohl vor etwa zwölftausend Jahren: Der Hund erhoffte sich von der Gesellschaft des Menschen einige zusätzliche Brocken, der Mensch vom Hund Schutz.

DER ERSTE FREUND

Der Hund ist also unser ältestes Haustier. Jagdbegleiter, Hüter der Herde, Wächter des Lagerplatzes: Hunde waren schon immer willige Arbeitskameraden und wurden ganz allmählich Teil der Familie – ein so wichtiger Teil, dass sich viele Familien heute ohne diesen so überaus freundlichen Hausgenossen unvollständig fühlen.

Klein, mittel oder groß; gelockt oder
glatt; einfarbig oder gefleckt; ruhig und
gefügig oder laut und lebhaft. Unter den
vielen Rassen findet jeder den passen-
den Hund.

GROSS UND KLEIN

Trotz ihrer unterschiedlichen Form und Größe und ihrer vielfältigen Begabungen sind im Grunde alle Hunde gleich: Es sind soziale Tiere, die überall dieselbe Sprache sprechen. Ein Schottischer Schäferhund kann einen vergnügten Tag lang mit einem ver-  wöhnten Pudel verbringen, ein gepflegter Setter aus der Großstadt tollt ausgelassen mit seinen Verwandten vom Lande herum. Hunde sind von Natur aus freundlich und überaus treu, daher sind sie für das Leben in einer Familie so gut geeignet. Sie übertragen die Treue zu ihrem Rudel auf ihren menschlichen Gefährten. Es muss nur klar sein, wer der Anführer des Rudels ist.

Faultiere

Hunde schätzen leibliche Genüsse und verbringen mit Wonne einen großen Teil des Tages schlafend. Ein Kissen lehnen sie nicht ab, aber der Fußboden ist ein ebenso guter Platz wie jeder andere.

Manche Hunde sind so bequem, dass
sie, wenn möglich, immer und überall
schlafen. Tiefer Schlaf wechselt ab mit
leichtem Dösen, bei dem sie das ge-
ringste Geräusch wecken kann.

Zwischen einem Hund und seinem Besitzer besteht ein enges Band echter Zuneigung, ob der Hund nun bei der Arbeit hilft oder zu Hause in der Familie lebt. Ein Blick Ihres Hundes kann Ihr Herz zum Schmelzen bringen. Darüber sind wir uns alle einig. Der zärtliche und vertrauensvolle Blick, diese flehenden Schokoladenaugen sind ganz einfach unwiderstehlich - auch wenn er auf dem makellos weißen Sofa liegt, das ihm, wie er genau weiß, streng verboten ist: Er schafft es immer wieder.

Hunde sind eigentlich Jagdtiere. Ihr elastischer Schritt und ihre enorme Zähigkeit ermöglichen es ihnen, große Strecken zurückzulegen und am Ende noch einmal zu einem Spurt anzusetzen. Manche Hunde wirken dabei besonders elegant. Der Whippet scheint gleichsam über den Boden zu fliegen. Mit seinem glänzenden Fell und seinem feinen Gesicht wirkt er auch halb schlafend noch so anmutig wie ein muskulöser Tänzer.

TRÄUME VOM FLIEGEN

Kurzbeinige Terrier und Jagdhunde wurden gezüchtet, um Kleinwild unter der Erde zu jagen. Diese kleinen Hunde mit den blanken Augen sind sehr lebhaft. Manchmal würde man sich wünschen, dass sie etwas mehr schliefen!

SCHLAF, KLEINER

Dem Luxus frönen

Manche Hunde sind von Natur aus träge, andere ungestüm. Kaum ein Hund wird sich jedoch ein Nickerchen auf einem bequemen Sofa versagen, wenn gerade keiner guckt.

Neben ihren vielen anderen Fähigkeiten haben Hunde eine ausgeprägte Begabung für das Nichtstun – sie genießen mit Behagen, was sie als wohlverdiente Ruhe betrachten. Die Ermahnungen des Besitzers, etwas Nützliches zu tun, werden dann nichts fruchten. Der Hund wird sich kaum rühren, ist er nicht wirklich davon überzeugt, dass es der Mühe wert ist.

BITTE NICHT STÖREN

Durchstreifen Hunde das Reich der Träume auf der Jagd nach Phantasiehasen, oder suchen sie im Schlaf nur Erholung von den gewaltigen Anstrengungen eines geschäftigen Tages? Ein halb-

JAGD NACH TRÄUMEN

wacher Hund, dessen Ohren sich hin und her bewegen, und der auf Geräusche lauscht, die für ein menschliches Ohr nicht wahrnehmbar sind, scheint in philosophischen Betrachtungen versunken - auch wenn er wahrscheinlich nur darüber nachdenkt, ob es bald etwas zum Fressen gibt.

HERRSCHER ÜBER DAS SOFA

Hundehaare allüberall gehören zum Leben eines Hundebesitzers. Hunde wollen gefallen und verärgern ihren Besitzer nicht gerne. Manchmal aber ist die Verlockung eines bequemen Sofas doch zu groß. Und wenn ein Hund sich auf seinem selbst gewählten Thron so richtig wohl zu fühlen scheint – wer wollte ihm diese Augenblicke des Luxus verwehren?

... der wertvollste und kostbarste
Besitz der Menschen

Theodorus Gaza (1398–1478)   39

Hunde brauchen viel Bewegung, um fit zu bleiben. Ein Wach- oder Haushund jagt seinen Schwanz, knabbert die Möbel an oder beißt den Zeitungsboten. Einige Hunde, wie der lebhafte Collie, brauchen mehr Bewegung als andere. Ein Hund, der müde ist nach einem anstrengenden Tag bei den Schafen oder einer langen Wanderung, schläft tief und zufrieden. Er kann nur noch mit dem

SCHLAF DES GERECHTEN

Schwanz wedeln und die Augen kurz öffnen, wenn Sie ihn streicheln. Dann wird ihn der Schlaf wieder übermannen und ihm neue Energie für den nächsten Tag schenken.

41

Gewissenhafte Wächter

Alle Hunde haben einen hoch entwickelten Schutzinstinkt. Ob klein oder groß verteidigen sie ihre Lieben und deren Besitz gegen wirkliche oder eingebildete Gefahren.

Ihres angeborenen Verteidigungs- und Schutzinstinkts wegen spielen Hunde häufig als Wächter in Religion und Mythen eine große Rolle. Im alten Griechenland bewachte einst ein furchterregender mehrköpfiger Hund

VORSICHT WACHHUND

den Eingang zum Hades, der Unterwelt. Im Ägypten der Pharaonen regierte ein hundsköpfiger Gott über das Reich der Toten. Moderne Wachhunde sind gut ausgebildete Profis – oder auch einfach Amateure, die ihre Treue unter Beweis stellen. 47

In Tibet bewachen winzige, nahezu zerbrechlich wirkende »Löwenhunde« das Innere buddhistischer Klöster. Solche Aufgaben übernehmen sonst eher größere Rassen. Auf Fremde reagieren viele Hunde mit einem angeborenen Argwohn. Erst wenn ein Unbekannter ihr Vertrauen erworben hat, geben Hunde ihre Wachsamkeit auf. Diesen Hunden, die immer auf der Hut und ständig bereit sind, eine Warnung zu bellen, kann die Bewachung geheimster Heiligtümer getrost überlassen werden.

... des Nachts wachet er treu

Joachim Camerarius (1500–1574)

Temperament und Mut eines Hundes haben nichts mit seiner Größe zu tun: Kleine Hunde können äußerst wild sein, viele der größeren Rassen gelten dagegen als sanftmütige Riesen. Das freundliche Naturell mancher Hunde ist stärker als ihr Schutztrieb. Fremde werden

SPIEL MIT MIR

mit einem kurzen Bellen begrüßt, das bald in ein ungestümes Ablecken übergeht. Oder sie werden mit einem weichen, fragenden Blick betrachtet, der sie gewissermaßen zum Hereinkommen einlädt. Diese sanften, arglosen Hunde würden am liebsten mit der ganzen Welt Freundschaft schließen.

Abenteuerlustig

Hin- und hergerissen zwischen dem Wunsch, seinem Herren durch gutes Betragen zu gefallen und seiner Abenteuerlust nachzugeben, entscheidet sich ein Hund oft für Letzteres.

Hunde sind nicht nur hochintelligent, sondern auch von Natur aus gehorsam – vor allem, sobald ihre (niedrige) Stellung in der Familienhierarchie fest steht. Sie lassen sich daher relativ bereitwillig erziehen und wissen, wann sie gegen die Regeln verstoßen. Doch manchmal findet auch der wohlerzogenste Hund Gefallen daran, über die Stränge zu schlagen – mit den entsprechenden Konsequenzen.

Ein Hund will in erster Linie seinen Herren zufrieden stellen; bestimmten Verlockungen, wie einer Platte mit Kuchen, kann er jedoch kaum widerstehen.

Manche Hunde zögern keine Sekunde, einer Versuchung nachzugeben, auch nicht vor den Augen ihrer Besitzer. Gut erzogene, gehorsame Hunde warten vielleicht etwas länger, in der Hoffnung, dass tugendhafte, traurige oder flehende Blicke ihre Wirkung nicht verfehlen.

FLEHENDE BLICKE

Neugier kann eine Katze umbringen, aber auch einen Hund in Schwierigkeiten bringen. Hunde sind ungestüme Geschöpfe und handeln ohne nachzudenken. Meistens setzen sie nicht sich selbst, sondern Haus und Gut ihrer Besitzer Gefahren aus. Schnell ist ein halbvoller Becher durch das aufgeregte Wedeln ei-

NERVENKITZEL

nes Schwanzes vom Tisch gefegt. Hunde interessieren sich für alles, was in ihrem Zuhause vor sich geht. Sind die Maler im Haus, ist auch ein kleiner Hund in seiner Neugier kaum zu zügeln – und wird sich auf seine Weise an den Renovierungsarbeiten beteiligen.

DANK

o = oben, u = unten, m = Mitte, l = links, r = rechts

SOFERN NICHT ANDERS ANGEGEBEN ALLE FOTOGRAFIEN VON CHRIS TUBBS

Vor- und Nachsatz Polke; **1** Rolf; **2** Stratford; **3** Max; **4–5** Ben; **6** Milo; **9** Foto Tom Leighton/Inca; **10 l** Bill; **10 or** Stratford; **10 ur** Merlin; **11 o** Jill; **11 m** Foto Christopher Drake; **11 u** Bruno; **13** Blue bei Ochre, London; **14** Jenny; **14 or** Foto Chris Everard; **14 ur** Enzo; **15** Foto Catherine Gratwicke; **16** Foto Alan Williams; **17** Foto Francesca Yorke/Lily; **18–19** Foto Andrew Wood/Chelsea Loft Apartment in New York, entworfen von The Moderns; **21** Merlin; **22–23** Foto Andrew Wood/John Cheims Apartment in New York; **24–25** Milo; **26–27** Blue bei Ochre, London; **28–29** Polke; **30** Ben; **33** Foto Andrew Wood/Jane Collins von Sixty 6, Marylebone Street, Haus in London; **34–35** Foto Andrew Wood/Inca; **36–37** Rolf; **38–39** Foto Chris Everard; **40** Bill; **42** Foto Tom Leighton; **45** Dave; **46** Foto Francesca Yorke; **47** Foto Andrew Wood; **48–49** Foto Andrew Wood/Michael Benevento Orange Group; **51** Stratford; **52** Ben; **55** Stratford; **56** Foto Andrew Wood/Spot; **57** Foto Andrew Wood/Inca; **58–59** Milo; **61** Polke; **62** Stratford.

Der Verlag dankt allen, die sich bereit erklärt haben, ihre Hunde fotografieren zu lassen. Sein besonderer Dank gilt Elspeth, Claudia und Kate, Ivan, Danielle und Richard, Clare, Lucy und Perou, Harriet (bei Ochre, 22 Howie Street, London SWII 4AS. www.ochre.net. Tel. 0044–20–7223–8888), Debbie und John, Phil und Caroline, Peter und Maureen, Chris und Jenny sowie Karen.

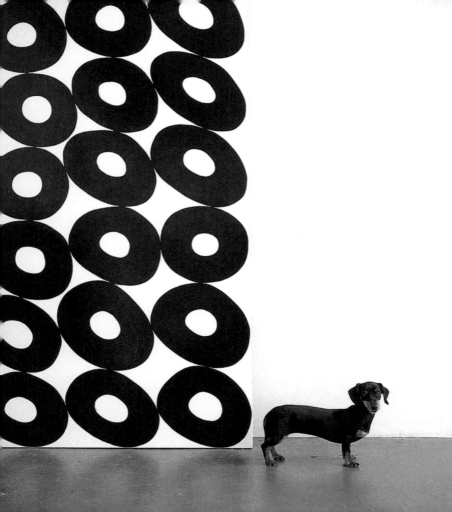